BEI GRIN MACHT SICH IHR WISSEN BEZAHLT

- Wir veröffentlichen Ihre Hausarbeit,
  Bachelor- und Masterarbeit

- Ihr eigenes eBook und Buch -
  weltweit in allen wichtigen Shops

- Verdienen Sie an jedem Verkauf

Jetzt bei www.GRIN.com hochladen und kostenlos publizieren

Psychoanalyse und Bildung. Annäherung an eine Verhältnisbestimmung

Oskar Stranzenbach

Bibliografische Information der Deutschen Nationalbibliothek:

Die Deutsche Nationalbibliothek verzeichnet diese Publikation in der Deutschen Nationalbibliografie; detaillierte bibliografische Daten sind im Internet über http://dnb.d-nb.de abrufbar.

ISBN: 9783346575883
Dieses Buch ist auch als E-Book erhältlich.

Druck und Bindung: Books on Demand GmbH, Norderstedt Germany
Gedruckt auf säurefreiem Papier aus verantwortungsvollen Quellen

Das vorliegende Werk wurde sorgfältig erarbeitet. Dennoch übernehmen Autoren und Verlag für die Richtigkeit von Angaben, Hinweisen, Links und Ratschlägen sowie eventuelle Druckfehler keine Haftung.

Das Buch bei GRIN: https://www.grin.com/document/1167095

Universität Siegen

Fakultät II

Sommersemester 2021

Psychoanalyse und Pädagogik II

Psychoanalyse und *Bildung*

Annäherung an eine Verhältnisbestimmung

Oskar Stranzenbach

Masterstudiengang Bildung & Soziale Arbeit

3. Fachsemester

Abgabedatum: 08.10.2021

Inhaltsverzeichnis

1. Einleitung   1

2. Bildung   2

3. Psychoanalyse   8

4. Transdisziplinäre Berührungspunkte   13

5. Fazit   16

1. Einleitung

Das Ziel der vorliegenden Arbeit ist es, durch die Auseinandersetzung mit Bildung und Psychoanlyse, Berührungspunkte der beiden Disziplinen zu verdeutlichen. Des Weiteren soll durch die Auseinandersetzung ein kleiner Teil zur Steigerung der Aufmerksamkeit für diese Verhältnisbestimmung geschaffen werden. Die Wichtigkeit einer solchen Verhältnisbestimmung erkennt auch Rumpf. Seit über 100 Jahre bestehe ein wechselseitiges Verhältnis zwischen Psychoanalyse und Bildungswissenschaften. Nun könne diese Tradition sowohl fruchtbar als auch kontrovers bezeichnet werden (vgl. Rumpf, 2015, S. 143). Dieses Verhältnis entstand wohl vor allem durch die Protagonisten[1] der Psychoanalytischen Pädagogik Aichhorn, Redl, Zulliger, Anna Freud und Klein, welche nach Rumpf zu Beginn des 20. Jahrhunderts wegweisende Vorreiter in der Umsetzung jener Erkenntnisse waren. Jedoch fehle bis heute ein Konsens bezüglich des jeweiligen Gegenstandsbereichs der Psychoanalyse, als auch der Bildung, sodass immer wieder Grundsatzdiskussionen zu den beiden Referenzdisziplinen aufkommen. Gegenstand solcher Diskurse seien vor allem aufgrund abweichender Auffassung bezüglich der Vereinbarkeit der je eigenständigen Wissenschaften aufgekommen (vgl. ebd, S. 143 f.). Noch immer stelle die Verhältnisbestimmung von Bildung und Psychoanalyse ein Desiderat dar, welchem die Fachwelt in den vergangenen Jahren zu wenig Beachtung geschenkt hat. Seit Anfang der 1990er Jahre seien einige Publikationen diesbezüglich veröffentlicht worden, bei denen das Verhältnis aus verschiedenen Blickwinkel behandelt wurde. Tendenziell sei der transdisziplinäre Dialog zwischen akademischer Pädagogik und Psychoanalyse fachübergreifend befürwortet worden (vgl. ebd., S. 148).

---

[1] Aus Gründen der besseren Lesbarkeit wird auf die gleichzeitige Verwendung männlicher und weiblicher Sprachformen verzichtet. Sämtliche Personenbezeichnungen gelten gleichwohl für beiderlei Geschlecht.

Im Folgenden soll erörtert werden, inwieweit sich Bildung und Psychoanalyse begrifflich und in ihrer Ausgestaltung ähneln sowie Unterschiede aufgezeigt werden, um so ein Verhältnis zwischen den beiden Disziplinen zu bilden und daraufhin weiterführende Aspekte aus diesem Verhältnis beleuchten zu können.

Es sei nur möglich eine transdiszilpinäre Kompetenz zwischen Bildung und Psychoanalyse zu schaffen, wenn die lange Zeit undifferenzierte Diskussion um die Disziplinen an Aktualität gewinne. Dazu müssten zuerst intradisziplinär Rahmenbedingungen zu den häufig pluralistisch und inflationär verwendeten Begriffen Bildung und Psychoanalyse geschaffen werden (Rumpf, 2015, S. 149). Da die Schaffung dieser Rahmenbedingungen den Rahmen dieser Ausarbeitung maßlos überschreiten würde und den Experten dieses Gebiets überlassen werde sollte, wird in den Kapiteln zwei und drei lediglich eine Einführung der beiden Disziplinen geliefert. Wobei aufgrund der jeweiligen Komplexitäten selbst eine angemessene Einführung zu umfassend für den vorliegenden Korpus wäre. Jedoch werden Auffassungen verschiedener Autoren vorgestellt, die sich explizit mit dem Verhältnis von Bildung und Psychoanalyse auseinandersetzen. Dabei werden vor allem Pazzini, Körner, Bittner und Rumpf berücksichtigt, da diese in den vergangenen Jahren vermehrt das besagte Verhältnis behandelten. Das vierte Kapitel wird folgend erörtern, inwieweit sich Bildung und Psychoanalyse in ihrer Ausgestaltung ähneln, um ein Verhältnis zwischen den beiden Disziplinen aufzuzeigen. Abschließend wird das fünfte Kapitel dem Fazit dienen, in dem die Ergebnisse der Analyse in Kapitel vier zusammengetragen und somit die Antwort der Forschungsfrage geliefert werden soll. Des Weiteren wird Raum zur Verfügung gestellt, um eventuell weiterführende Aspekte aus dem Verhältnis zu nennen, welche in weiterer Ausarbeitung beleuchtet werden könnten.

2. Bildung

Schon seit mehr als 30 Jahren gehöre der Bildungsbegriff zu den am häufigst genutzten in der pädagogischen Fachsprache. Doch obwohl er stark frequentiert genutzt werde, besteht nach Bittner eine Fülle unterschiedlicher Bildungslehren, welche nur schwer miteinander zu verbinden sind (vgl. Bittner, 2011, S. 10). Da nach Rumpf jedoch jeder dazu verpflichtet ist eine Begriffsauslegung darzulegen, wenn

Bildung genannt wird (vgl. Rumpf, 2015, S. 145), folgt nun eine Auseinandersetzung mit Auslegungen verschiedener Autoren aus dem Gebiet der Bildung in Verbindung mit Psychoanalyse. Dieses Kapitel soll ein grundlegendes Verständnis für den Begriff transferieren und die Komplexität sowie die Definitionsproblematik vermitteln. Die teils unterschiedlichen Annahmen zu Bildung werden allesamt respektiert und nicht gewertet, sie dienen als Grundlage einer Verhältnisbestimmung zu Psychoanalyse in Kapitel vier.

Der Begriff Bildung ist nach Karl-Josef Pazzini ein außergewöhnlicher (vgl. Pazzini, 2015a, S. 19). Pazzini ist ein berühmter Philosoph, Erziehungswissenschaftler, Mathematiker und Kunstpädagoge, der als Psychoanalytiker in Berlin und Hamburg tätig ist (vgl. ebd., S. 2). Im Vergleich zu den Begriffen Erziehung, Lernen oder Lehren sei Bildung nicht lediglich auf das Feld der Pädagogik beschränkt. Die Bedeutung des Begriffs habe in anderen Kulturen und Sprachen kein passendes Äquivalent, wodurch regelmäßig Übersetzungsschwierigkeiten entständen. Doch auch in der deutschen Sprache sei die Bedeutung des Begriffs Bildung nicht konsensuell festgelegt (vgl. ebd., S. 19). Aufgrund dieser Problematik ist es im Rahmen dieser Auseinandersetzung interessant die Herkunft und die anfängliche Bedeutung von Bildung zu klären. Pazzini zieht zur Annäherung der Begriffsbedeutung lateinisch-römisch-christliche Traditionen heran, nach denen Bildung als *formatio* verstanden werden kann. Auch der französische Psychoanalytiker Jacques Lacan verwendet *formation* als Interpretation für den deutschen Begriff. Ebenfalls könne das lateinische *eruditio* als Übersetzung für Bildung gelten, was Gelehrsamkeit oder Belesenheit bedeutet. Die wörtliche Übersetzung vom lateinischen *erudire* laute: eine Form geben, bearbeiten oder verarbeiten (vgl. ebd.). Nach Pazzini ist Bildung weder greifbar und auch nicht ganz begreifbar. Sie entstehe in Gesprächen durch nicht einsehbare Erläuterungen, die beim Adressaten Vorstellungen hervorrufen und Bildung erzeugen. Der vorherige Adressat bilde in der Folge eine symbolisierte Antwort, so dass sich das Mitgeteilte weiter bildet. Darauf aufbauend verlange Bildung Urteils- und Einbildungskraft sowie verpflichte zur Verantwortung, gegenüber dem, der über Gründe des Denkens, Handelns und Fühlens wissen möchte (vgl. ebd., S. 22). Das folgende Zitat Pazzinis soll das zuvor eher abstrakte Verständnis seiner Entstehungstheorie von Bildung konkretisieren: „Bildung bezeichnet eher einen Prozess und eine Relation denn eine Substanz und bildet eine Textur, der sich allerlei fängt." (ebd., S. 21). Die Möglichkeiten zur Bildung sind nach Pazzini nahezu unendlich, die Individuen, die sie genießen, seien jedoch von Begrenztheit geprägt. Daher plädiert er dazu, dass der Mut zur Auswahl und Entscheidung gebildet werden muss (vgl. ebd., S. 21 f.). Nach Pazzini ist Bildung weder eine Fütterung oder eine Eigenschaft, noch kann man sie besitzen. Man könne lediglich Dispositionen haben, welche als Voraussetzung dienen könnten, um bildende Relationen einzugehen (vgl. Pazzini, 2015a, S. 22 f.). Gebildete Menschen, die Übergänge vom Sinnlichen in Sinn vergeistigen, seien selbst Attraktoren und Vorbilder, die Werbung für Bildungsprozesse machen. In einem anderen Werk erläutert Pazzini dieses Phänomen, wie folgt: „Es geht in Bildungsprozessen in unterschiedlichen Formen genau darum: ein Vorwärtstreiben aus eigenem Antrieb, ein Vorwärts-getrieben-werden, von Anderen und von Anderem – und beides zusammen zu einer Disposition zu machen, immer wieder." (Pazzini, 2015b, S. 43). Die Disposition stellt nach Pazzini grundsätzlich einen Ort dar, welcher verschoben werden kann, welcher im Zuge der Bildung jedoch verschoben werden muss (vgl. ebd., S. 43). Pazzini schlägt vor, Bildung als Vermittler zwischen den Polen von Bewusstsein und Unbewusstem, Bedeutung und Bedeutungslosigkeit sowie Materie und Form zu verstehen, denn erst durch die Handlung des Bildens entsteht ein Prozeß, der ins Wirkliche gesetzt werden kann und ein Bildungswerk darstellt (vgl. Pazzini, 2015a, S. 23). Schlussfolgernd handelt es sich für Pazzini bei Bildung, um einen Prozeß, der von einer Person herbeigeführt werden muss und von anderen Personen begünstigt werden kann. Diskussionen können solche begünstigenden Situationen darstellen, da Wissen ausgetauscht wird und in der Folge neues Wissen bei der jeweils anderen Person erzeugt werde.

Ebenfalls Jürgen Körner erkennt eine Problematik beim definieren und der Übersetzung des Begriffs Bildung (vgl. Körner, 2009a, S. 313). Körner ist Diplom-Psychologe und ist tätig als Psychoanalytiker und Professor für Sozialpädagogik in Berlin (vgl. Psychosozial-Verlag, o.J., o.S.). Für die Annäherung zur Bedeutung der Begrifflichkeit zieht Körner den älteren Begriff *bildunge* heran, der erstmals im 14. Jahrhundert von Mystikern und als Symbol der Gottesebenbildlichkeit des Menschen verwendet worden ist. Gegen Ende des 18. Jahrhunderts sei der Begriff dann endgültig im allgemeinen Sprachgebrauch aufgetaucht. Fortan zielte der Begriff darauf, dass eine Person selbst zum Gegenstand der Bildung gemacht werde und nicht mehr die Gottesebenbildlichkeit durch ihn angestrebt wird (vgl. Körner, 2009a, S. 313). Als Meilenstein in der Historie des Bildungsbegriff betitelt Körner die 1810 gegründete Humboldt Universität, die als erste moderne Bildungsanstalt gilt. Zum einen sei die mittelalterliche Vorstellung einer Universität überwunden worden, nach der vor allem bestehendes theologisches Wissen archiviert und bestätigt worden ist, zum anderen sei fortan zur Reflexivität angeregt worden. Nach Körner zielte die moderne Bildung darauf, dass sich wissenschaftliche Erkenntnisse im Zweifel an der Wahrheit und in Begründungspflicht der Behauptungen erweisen mussten. Dies habe zur Folge gehabt, dass sich zunächst ein maßgebender Aufschwung der Wissenschaft im alten Europa vollbrachte. Bis zum Beginn des 20. Jahrhunderts umfasste der Begriff Bildung wohl neben der Freiheit des Herzens, des Wissens und der ästhetischen Erziehung auch politisches Interesse und wirtschaftliche Tüchtigkeit, was der modernen kapitalistischen Förderung zugute gekommen sein soll. Nach Körner zerfiel die zuvor genannte Zusammenführung im Laufe des 20. Jahrhunderts und Bildung wurde wieder getrennt von Ökonomie und Technik betrachtet und der Fokus wurde erneut vermehrt auf ästhetische, musische, künstlerische und historische Bildung gelegt (vgl. Körner, 2009a, S. 314). Ökonomie und Technik hingegen würden jedoch nicht auf Bildung zielen, sondern auf Erziehung. Auch die aktuelle Hochschulreform sei zuungunsten der Bildungsidee von der Selbstentfaltung strukturiert und die Entwicklung dränge weiter auf Erziehung statt auf Bildung (vgl. Körner, 2009b, S. 170).

Auch Körners Auseinandersetzung mit dem Begriff verdeutlicht die Komplexität von Bildung und die Problematik eine feste Definition festzulegen. In Körner 2009b bündelt er jedoch seine Auffassung von Bildung knapp, wonach es nicht möglich ist jemanden zu bilden. Ähnlich wie beim Erziehen sei es lediglich möglich, zu versuchen jemanden auszubilden. Dafür müsse ein innerer Prozess der Reifung sowie des Lernens angeregt werden, welcher jedoch anders als bei der Erziehung keine vorgegebene Ziele enthalten dürfe. Für Körner ist Bildung eine Selbsttätigkeit, Selbstentwicklung, die eine andere Person zwar anregend begleiten, aber nicht herbeiführen kann (vgl. ebd., S. 168).

Der Diplompsychologe Günther Bittner regt die Entwicklung der psychoanalytischen Pädagogik seit den 1960er Jahren durch sein Wirken an. Er ist als Psychoanalytiker tätig in seiner eigenen Praxis und war ehemals Professor an der Pädagogischen Hochschule Reutlingen, an der Universität Bielefeld und der Julius-Maximilians-Universität Würzburg (vgl. Würzburg-Wiki, o.J., o.S.). Bittner vertritt die These, dass das Lebens selbst der eigentliche und grundlegende individuelle Bildungsprozess ist. Leben sei in diesem Zusammenhang der individuelle biographische Verlauf des Lebens sowie die Folge an Ereignissen des individuellen Lebens. Die Individualität stelle in diesem Prozess die Tatsache dar, dass sich jeder Mensch von anderen Menschen unterscheide und demzufolge auch jeder Bildungsprozess entsprechend individuell verlaufe (vgl. Bittner, 2011, S. 7). Nach Bittner ist Bildung heute einer der wichtigsten, vielleicht sogar der wichtigste Grundbegriff der deutschen Pädagogik. In ihm spiegle sich das Selbst- und Weltverständnis eines Menschen wider, weshalb keine zeitlose Definition aufgestellt werden könne. Lediglich könne er in seiner historisch-systematisch-dynamischen Vielschichtigkeit erschlossen werden. Des Weiteren thematisiert auch Bittner das Fehlen eines äquivalenten Begriffs in anderen Sprachräumen. Im Zuge der zunehmenden Globalisierungen erkennt er die Folge, dass Denktraditionen einzelner Sprachräume, welche nicht umstandslos ins Englische übertragen werden können, nur geringe Überlebenschancen haben (vgl. ebd., S. 10). Nach Bittner werde Bildung zur heutigen Zeit in zwei Begriffe mit unterschiedlichen Bedeutungen eingeteilt, welche unverbunden nebeneinander stehen. Zum einen werde Bildung als etwas definiert, was dem Menschsein seinen humanen Charakter verleiht und was bewahrt werden muss, weil sie alle Planung und Machbarkeit der entzogenen Selbstbestimmung einer Person darstelle. Zum anderen gäbe es ein alltägliches Verständnis des Begriffs, welches viele Komposita, wie Bildungsdefizit, Bildungschancen, Bildungsbarrieren, Bildungsforschung oder Bildungsökonomie umschließt. Dieses Verständnis reduziere den Begriff auf schulische Bildung und effizientes, messbares und kontrollierbares schulisches Lernen. Nach Bittner ließen diese beiden Auffassungen von Bildung jedoch die Auswirkung des Lebenslaufs auf den Bildungsprozess außen vor. Daher stellte Bittner eine eigene Definition auf, die sein Verständnis von Bildung erfasst (vgl. ebd., S. 11). Diese lautet wie folgt: „Bildung - das ist der Gang meines Lebens, meiner persönlichen Biographie, unter dem Gesichtspunkt betrachtet, was ich aus meinem Leben gemacht habe bzw. was mein Leben aus mir gemacht hat" (Bittner, 1996, S. 63 f.). Diese Definition ergänzte er später mit dem Zusatz, dass sich Bildungsprozesse vornehmlich in einem nonverbalen Bereich abspielen. Damit meint er sowohl Frühphasen, in denen noch keine Sprache zur Verfügung steht, als auch im späteren Lebensphasen. Er ist der Ansicht, dass sich Lebensentscheidendes während des gesamten Lebensverlaufs unterhalb der Schwelle sprachlicher Reflexion und der bewussten Wahrnehmung bildet (vgl. Bittner, 2011, S. 11). Für Bittner liege der Schlüssel der Bildung nicht im Erwerb von Wissen oder Fertigkeiten. Für ihn stehen selbstbezügliche Erlebens- und Tuns-Erfahrungen im Fokus des Bildungserwerbs, die dem Leben Richtung geben. Demnach stelle Bildung einen Zusammenhang zwischen neuen Erfahrungen in Abhebung zu gewohnten Mustern und einem neu integrierten Selbstentwurf im Kontext zum überholten Selbstentwurf dar (vgl. Bittner, 2011, S. 23).

Valentin Rumpf ist Dozent am Institut für Bildungswissenschaften der Universität Wien mit dem Arbeitsbereich Psychoanalytische Pädagogik, er ist ebenfalls an der TU Darmstadt am Institut für Allgemeine Pädagogik und Berufspädagogik mit dem Forschungsschwerpunkten Transdisziplinäre Forschung im Schnittfeld von Systematischer Pädagogik, Psychoanalytischer Pädagogik, Bildungstheorie und Subjektphilosophie als Dozent tätig (vgl. Institut für Wissenschaft und Kunst, o.J., o.S.). Rumpf analysiert in einem Text von 2015 seine Vorreiter und Kollegen im Bereich der transdisziplinären Erforschung vom Verhältnis von Pädagogik und Psychoanalyse, hinsichtlich der Verwendung des Bildungsbegriffs. Er führt an, dass sich zwar seit der Blütezeit der Psychoanalytischen Pädagogik, welche zwischen 1927 und 1937 gewesen sei, mit dem Verhältnis von akademischer Pädagogik und Psychoanalyse auseinandergesetzt worden ist, seit dem jedoch ein überdauernder und kohärenter psychoanalytisch-pädagogischer Bildungsbegriff als transdisziplinäre Strömung ausgeblieben ist. In der Blütezeit habe der Begriff Erziehung Vorrang gegenüber Bildung gehabt, später sei undifferenziert mit den Begriffen Heilung und Bildung umgegangen worden, sodass 1995 von Datler erkannt worden sei, dass sich nicht um eine Klärung der zu Grunde gelegten Begriffe gekümmert worden ist. Des Weiteren führt er an, dass Datler gefordert habe, dass es von Nöten ist, den Bildungsbegriff, der zu diesem Zeitpunkt zum zentralen Begriff der akademischen

Erziehungswissenschaft geworden sei, als Ankerpunkt praxisleitender psychoanalytisch-pädagogischer Konzepte zu veranschlagen. Datler habe darin die Möglichkeit erkannt prospektiv eine psychoanalytisch-pädagogische Bildungstheorie zu etablieren, welche einen überdauernden kohärenten Bildungsbegriff mit sich bringt (vgl. Rumpf, 2015, S. 145 ff.). Rumpf versucht im Rahmen seiner Arbeiten an psychoanalytisch-pädagogischen Werken eine postmoderne Neufassung des Bildungsbegriffes zu erarbeiten. Dafür zieht er Werke von Koller und Kokemohr heran, nach denen Menschen im 21. Jahrhundert sogenannte transformatorische Bildungsanlässe erleben, wenn sie mit Aufgaben konfrontiert werden, welche nicht mit ihnen bekannten und bewährten Mitteln gelöst werden können. Aufgaben dieser Art könnten demnach soziale Wandlungsprozesse, wie die wachsende Enttraditionalisierung und (Werte-)Pluralisierung, aber auch individuelle Krisen und Probleme, die mit dem Lebenslauf und der individuellen Biographie einhergehen, darstellen (vgl. Rumpf, 2015, S. 152 f.). Demzufolge besäßen diese unangenehmen Situation oder auch Krisen, das Potenzial zu transformatorischen Bildungsanlässen im Kontext von Selbst- und Weltverhältnissen. Rumpf folgert diesem postmodernen Verständnis des Begriffs, dass Bildung vermehrt in performativen oder phänomenologischen negativen Vollzügen geschehe, bei denen durch Fremdheitserfahrungen sowohl Fähigkeiten, als auch Schemata der Wahrnehmung und Verarbeitung von Krisen erworben werden (vgl. Rumpf, 2019, S. 49 f.).

Durch die Auseinandersetzung mit dem Verständnis von Bildung der verschiedenen Autoren wird somit deutlich, dass kein einheitlicher Begriff für Bildung gefunden werden kann, sondern vielmehr verschiedene Deutungsansätze und Komponenten in eine Begriffsbetrachtung mit einfließen müssen.

3. Psychoanalyse

Im folgenden Kapitel werden Auffassungen von Psychoanalyse verschiedener Autoren vorgestellt, welche sich teils ähneln, aber auch stark von einander unterscheiden. Im Rahmen dieser Ausarbeitung ist es nicht beabsichtigt zu ergründen, welche der Auffassungen besser oder schlechter ist. Dieses Kapitel soll lediglich einen Teil des Fundaments erschließen, um das Verhältnis der Begriffe Psychoanalyse und Bildung zu durchleuchten.

Nach Pazzini und Gottlob gibt es nicht *die Psychoanalyse* (vgl. Pazzini & Gottlob, 2005, S. 9), was eine Definition, wie schon im Fall Bildung, erschwert. In einem Gemeinschaftswerk geht Pazzini mit Rath und Schuller auf Psychoanalyse ein, wobei sie sich an einer Begriffsannäherung versuchen. Für das Gespann sind Anwendungen der Psychoanalyse Arbeiten, welche sich mit den Bildungen des Unbewussten beschäftigen. Diese könnten sich demnach sowohl in der analytischen Kur, in kulturellen sowie gesellschaftlichen Erscheinungen, in den Theorien und Forschungsmethoden der Wissenschaft und in den Erfahrungsweisen und Darstellungsformen der Künste begegnen (vgl. Pazzini, Rath & Schuller, 2015, S.7).

Zur historischen Einordnung der Psychoanalyse wird folgend auf ein Werk von Helmwart Hierdeis eingegangen, der selbst Psychoanalytiker ist und an verschiedenen Hochschulen und Universitäten einen Lehrstuhl hatte, unter anderem mit den wissenschaftlichen Schwerpunkten Geschichte der Pädagogik und Psychoanalytische Pädagogik (vgl. Universität Innsbruck, o.J., o.S.). Sigmund Freud habe mit der Ausarbeitung der Psychoanalyse als Theorie und Praxis im Übergang vom 19. zum 20. Jahrhundert begonnen. Neben der psychoanalytischen Behandlung stelle die Psychoanalyse nach Hierdeis ebenfalls eine Entwicklungs- und Kulturtheorie dar. Die psychoanalytische Behandlung fußt nach Hierdeis auf Erfahrungen und Anregungen des Arztes Jean Martin Charcot, bei dem Freud in den Jahren 1885 und 1886 hospitiert hat, sowie den Vorarbeiten seines Freundes und Kollegen Josef Breuer. Trotz dessen habe Freud mit seinen Werken über alle Vordenker hinaus, für einen wichtigen Fortschritt gesorgt (vgl. Hierdeis, 2016, S. 23).

Darauf aufbauend wird auf ein Werk von Storck und Billhardt eingegangen, welches Aspekte der jüngeren Geschichte einbringen wird. Storck ist Professor an der Psychologischen Hochschule Berlin sowie Psychoanalytiker und Psychologischer Psychotherapeut. Billhardt ist Psychologe und Psychiologischer Psychotherapeut mit der Fachrichtung Verhaltenstherapie (vgl. Storck & Billhardt, 2021, S. 2). Mittels der Auseinandersetzung mit klinischen Aspekten und Untersuchungen von Traum, Witz, Fehlleistungen und Symptomen habe Freud versucht Erfahrungen zu psychischen Prozessen zu gewinnen (vgl. ebd., S. 11). Die Psychoanalyse stelle nach Stock und Billhardt eine Theorie des Psychischen dar, welche die Konzeption dynamisch unbewusster Prozesse und Erlebnisaspekte umfasse. Bei der Psychoanalyse als Theorie werde angenommen, dass sich psychische Konflikte als prägende Erlebnisse in der Biographie auswirken. Sowohl für psychische Entwicklungen, psychische Prozesse, aber auch in einem weit gefassten Verständnis des Denkens, in dem die Bildung und das Wirken von Objektvorstellungen eine zentrale Bedeutung haben, könnten solche Konflikte und Erlebnisse eine Auswirkung haben (vgl. Storck & Billhardt 2021, S. 17). Zur Einordnung der psychoanalytischen Praxis wird nun Bezug zu Körner genommen, welcher feststellt, dass im Rahmen der Aufnahme von Verfahren der Psychoanalyse zur Behandlung psychisch kranker Menschen in das kassenärztliche Versorgungssystem im Jahr 1967, zwei unterschiedliche psychoanalytisch begründete Verfahren festgelegt wurden, die analytische Psychotherapie und die tiefenpsychologisch fundierte Psychotherapie. Zu beiden Formen der Therapie seien Indikationen, methodische Varianten und zeitliche Begrenzungen festgelegt worden. Dadurch, dass *Psychoanalyse* in kassenärztlichen Leistungen nicht berücksichtigt worden sei, nutzten viele Analytiker den Begriff, um eine Leistung anzubieten, die unabhängig vom Gesundheitssystem anzusiedeln ist. Sowohl die analytische, als auch die tiefenpsychologisch fundierte Psychotherapie, unterliege aufgrund der Einbindung ins Gesundheitssystem dem Anspruch auf Heilung. Daher bestand die Befürchtung, dass die Begrenzung auf eine maximale Stundendauer die Modifikation der Behandlung erzwinge, wodurch eine ziellose Behandlung erfolgen könne. Diese Zielstellungen im Rahmen der Psychoanalyse gestatte einem Analysanden nicht, sich selbst ohne äußere Zwänge zu erforschen. Insbesondere bestehe zwischen Psychoanalyse und der tiefenpsychologisch fundierten Psychotherapie der Unterschied, dass Therapeuten beim tiefenpsychologischen Ansatz ausdrücklich edukative und supportive Techniken verwenden würden, welche den Patienten dazu anregen solle, Ziele zu verfolgen, welche er nicht unbedingt selbst entwickelt habe (vgl. Körner, 2009a, S.312). Die Berufsausbildung eines Psychoanalytikers umfasse nach Körner nicht das Erlernen des Umgangs mit Handwerkszeug, ebenfalls gebe es keine Gradmesser, welche die Qualität einer Psychoanalyse messen, noch gebe es klar definierte Lernziele in der Ausbildung. Das Ziel der Examinierung sei die Aneignung einer psychoanalytischen Haltung, die den Analytiker dazu in die Lage versetzen soll, mit einem Patienten psychoanalytisch zu arbeiten. Psychoanalyse beschreibe einen Prozess, bei dem der Therapeut seinem Patienten eine Beziehung und seine Deutung anbiete, welche dem Patienten dazu verhelfen solle, sich sich selbst besser zu verstehen. Demnach bestehe die Therapie nicht daraus, dass der Therapeut den Patienten analysiert, denn die Durchführung der Analyse obliege einzig dem Patienten selbst (vgl. Körner, 2009b, S. 167 f.). Die Stundenfrequenz, das Sprechen in liegender Position auf der Couch sowie die Abstinenzregel stellen nach Körner die wenigen Parameter dar, welche die psychoanalytische Arbeit einschränken. Als Abstinenzregel werde das zuvor bereits beschriebene Vorgehen bezeichnet, welches dem Analytiker vorschreibt, dem Analysanden Raum zur freien Entfaltung zu gewährleisten, sodass er eigene Ziele entwickeln kann. Vor allem zum Beginn der Psychoanalyse falle es den Analysanden schwer, eigene Entscheidungen bezüglich der persönlichen Entwicklung zu treffen, wodurch es laut Körner häufig dazu komme, dass der Analysand versuche, den Analytiker zur Bewältigung eigener innerer Konflikte unbewusst-absichtsvoll zu nutzen. In diesem Fall müsse der Analytiker dem Analysanden dies bewusst machen und es ihm überlassen, wie er sich entwickeln will (vgl. Körner, 2009a, S. 317).

Nach Pazzini, Rath und Schuller sei die Psychoanalyse nicht als Einbahnstraße zu verstehen, welche fertige Erkenntnisse aus der Praxis in andere Gebiete transferiert. Viel mehr sei sie im ständigen Austausch mit anderen Gebieten, wie der Naturwissenschaften, Kulturwissenschaften, Sozialwissenschaften, Mythologien und der Literatur. (vgl. Pazzini, Rath & Schuller, 2015, S. 9).

Pazzini und Gottlob gehen zur Verdeutlichung der Psychoanalyse auf Sprechen und Zuhören im Rahmen der Kur ein, wozu sie eine Vorlesung Sigmund Freuds aus dem Wintersemester 1915/1916 an der Wiener psychiatrischen Klinik analysierten. Demnach bestehe grundsätzlich zwischen einem Sprecher und einem Zuhörer ein Spalt von Nicht-Wissen. Dieser Spalt sei uneinholbar und wirke bei der psychoanalytischen Kur als Voraussetzung für den Impuls zu sprechen und zuzuhören. Bei der Psychoanalyse sei es entscheidend, dass kein dritter Zuhörer zugegen sei, sodass ein intimer Sprachort entstehen könne. Des Weiteren wird von Pazzini und Gottlob auf die Methode der psychoanalytischen Kur eingegangen. Demnach seien visuell geprägte

Methoden oder jene, bei denen am Patienten gelernt werde nicht nützlich als Vermittlung zwischen Patient und Therapeut. Der Zauber des Wortes sei und bleibe das grundlegende psychoanalytische Verfahren, welches den Weg zum Unbewußten bahne und durch Sprache die Wahrnehmungen offenlege (vgl. Pazzini & Gottlob, 2005, S. 8).

Ähnlich wie Körner (2009b, S. 167 f.) geht auch Bittner davon aus, dass sich der Analysand durch die Analyse selbst heile. Er nutzt dafür den Begriff *bilden*. Der Analysand bilde sich durch die Analyse und in der Folge führe die erworbene Bildung im Idealfall zur Heilung. Die Psychoanalyse stelle nach seinem Verständnis einen Prozess dar, bei dem der Analysand unter Eigenaktivität, jedoch unbewusst, Veränderungen der Wahrnehmung vollzieht. Der Analytiker rege mit seinen Deteungen lediglich einen herbatschen Gedankenkreis an. Die Eigenaktivität des Analysanden und die Anleitung des Analytikers führe dazu, dass der Analysand sich mittels dem bilde, was ihm die Analyse zur Verfügung stellt (vgl. Bittner, 2013, S. 157 ff.).

Valentin Rumpf, der eine Dissertation mit Titel *Bildung und Alterität in der Psychoanalyse* verfasste, beschäftigt sich im selbigen Werk mit einem Verständnis von Psychoanalyse, bei dem der Beitrag des Psychoanalytikers zum therapeutischen Prozess als Leitidee gilt. Dazu geht er auf Werke von Thomä & Kachele ein, nach denen nur in einer intersubjektiven Relation zwischen Analysand und Analytiker die Chance zur therapeutischen Beeinflussung und zum Erlangen verändernder neuer Erfahrungen ruhe. Nach diesem Ansatz hänge der Verlauf der Therapie maßgeblich vom Analytiker ab. Diese Abkehr von der klassischen Abstinenzregel beschreibe die intersubjektive Wende, die aktuell in der Psychoanalyse praktiziert und reflektiert werde. Weiter sei der Analytiker heute als gleichwertiges Individuum im Prozess der Psychoanalyse zu betrachten (vgl. Rumpf, 2017, S. 121 ff.). Rumpf geht davon aus, dass Intersubjektivität eine Bedingung für Subjektivität ist, weshalb Intersubjektivität aus klinischer Sicht entscheidend für die psychoanalytische Kur sei. Dieser Paradigmenwechsel zeichne sich durch einen Analytiker aus, der nicht mehr nach klassisch-orthodoxer Auffassung undurchsichtig, spiegelnd oder still nach strenger Abstinenz operiert. Ein postmoderner Analytiker müsse demnach eine Person sein, die aktiv am

Prozess teilnimmt, subjektiv Stellung bezieht und im Sinne eines Übertragungssubjektes, entscheidenden Einfluss geltend macht. Durch eine unvoreingenommene, jedoch in Übertragung verstrickte Rolle und mittels psychoanalytischer Haltung leiste der postmoderne Analytiker einen aktiven Beitrag zur Erschaffung sowie zur Aufrechterhaltung der therapeutischen Situation (vgl. ebd., S. 124 f.).

4. Transdisziplinäre Berührungspunkte

Das Kapitel Transdisziplinäre Berührungspunkte dient als Vorstellung einiger Überschneidungen, welche das Feld der Psychoanalyse und der Bildung betreffen. Dazu wird auf Werke zuvor vorgestellter Autoren eingegangen, deren Erkenntnisse zu Gemeinsamkeiten vorgestellt werden. Des Weiteren werden widersprüchliche Annahmen von Autoren dargestellt, welche im Rahmen der eigenen Analyse entstanden sind.

Zunächst wird dazu auf die Tradition der Psychoanalytischen Pädagogik eingegangen, welche sowohl eine Teildisziplin der postklassischen Psychoanalyse, als auch der akademischen Bildungswissenschaft darstelle. Ihre genaue Verortung im Spannungsfeld von Psychoanalyse und Bildungswissenschaft sei trotz eingehender Auseinandersetzung um ihr grundsatztheoretisches Fundament in den 1980er und 1990er Jahren nicht geklärt. Des Weiteren mangele es an einem zeitgenössischen-systematischen Bildungsbegriff, welcher sich jedoch aus bildungswissenschaftlicher Sicht anbieten würde, um Legitimationen, Zielsetzungen und Kritik pädagogischer Grundlegungen methodisch reflektieren zu können (vgl. Rumpf, 2015, S. 142).

Die transformatorischen Bildungsanlässe, welche zuvor im Zusammenhang mit Rumpf und dem postmodernen Bildungsbegriff genannt wurden (vgl. ebd., S. 152 f.), werden nun ebenfalls nach Rumpfs Verständnis in Verbindung mit der psychoanalytischen Reflexion und Praxis gebracht. Nach Rumpf könne nämlich versucht werden, diese krisenhaft-subjektiven Bildungsprozesse, welche für ihn elementar für das Erlangen von Bildung sind, mit den ihm favorisierten psychoanalytisch-postklassischen Veränderungskonzepten in der analytischen Kur zu einigen. Die intersubjektive Relation zwischen Analysand und Analytiker könne nach Rumpf ebenfalls befremdende, strukturelle Veränderungsprozesse in der psychoanalytischen Kur erzeugen (vgl. ebd., S. 153).

Körner stellt in einer seiner Ausarbeitungen fest, dass sowohl Bildung, als auch Psychoanalyse unter dem Druck des zwanghaften Wunsches nach Operationalisierbarkeit leiden. Bildung betreffe dies vor allem im Kontext von Schul- und Hochschulbildung, welche sich längst praktische Ziele und Methoden von Erziehung verwandelt hätten. Die reine und tendenzlose Psychoanalyse habe sich dementsprechend zu einer psychoanalytischen Psychotherapie verwandelt, welche mit effizienten Mitteln darauf ziele, operationalisierbare Ziele zu erreichen (vgl. Körner, 2009b, S. 173).

Ansätze von Bildung und Psychoanalyse sind nach Pazzini nicht lediglich auf ihr eigenes Feld beschränkt. So könne sowohl Bildung in jedem Bereich und jeder Lebenslage, als auch Psychoanalyse am Beispiel des Prozesses der Übertragung, welcher eine zentrale Rolle in der Psychoanalyse spiele, fernab der psychoanalytischen Kur wirken (vgl. Pazzini, 2015a, S. 19).

Bittner geht davon aus, dass sich Analysanden mithilfe der Psychoanalyse einem Bildungsprozess unterziehen, welcher sie heilt. Dazu geht er von einem Bildungsverständnis aus, welches den biographischen Verlauf des Lebens als Hauptinitiator in den Mittelpunkt des Bildungsprozess stellt. Demnach seien vor allem Eindrücke bildend, die präreflexiv-unbewusst-aufgenommen werden. Mittels dieses Verständnisses betrachtet Bittner die psychoanalytische Behandlung grundsätzlich als einen Bildungsprozess, bei dem eine Veränderung der subliminalen Eindrücke vorgenommen wird, die den Analysanden in der Frühzeit gebildet haben. Als Beispiel hierfür zieht Bittner einen Vergleich zur psychoanalytischen Entwicklungspsychologie. Die kindliche Entwicklung samt der freudschen und eriksonschen Phasen sowie deren individuelle Bewältigung und die Prozesse der Säuglingsentwicklung stellen nach Bittners Verständnis Prozesse von Bildung im vorsprachlichen basalen Bereich dar (vgl. Bittner, 2013, S. 157)

Bezüglich des Bildungsbegriffs und seinem Ideal einer psychoanalytischen Kur erkennt Körner die Parallele, dass sowohl Analysand als auch der sich Bildende seine eigenen Ziele bilden und zur Erreichung selbst die Wege finden müsse (vgl. Körner,

2009b, S. 171). Des Weiteren besagt er, dass weder ein Analytiker einen Analysanden analysieren, noch ein Lehrer seinen Schüler bilden könne. Bildung und Psychoanalyse beschreibe einen inneren Prozess der Reifung, welcher wohlwollend begleitet werden könne, jedoch nicht absichtsvoll von außen gesteuert werden dürfe (vgl. ebd., S. 168). Diesbezüglich würden Körner und Rumpf voraussichtlich keinen Konsens finden, da Rumpf das psychoanalytische Ideal favorisiert, bei dem der Beitrag des Psychoanalytiker als Leitidee gilt. (vgl. Rumpf, 2017, S. 121 f.). Wie bereits in Kapitel drei angedeutet, müsse ein Analytiker nach Rumpfs Auffassung nicht lediglich spiegelnd und nach strenger Abstinenz operieren, sondern mittels subjektiver Stellung und im Sinne eines Übertragungsobjekts einen aktiven Beitrag zur Therapie beitragen (vgl. ebd., S. 124 f.).

Im Rahmen seiner Dissertation führt Rumpf eine These Datlers auf, welche dieser bereits vor mehr als 20 Jahren aufgestellt hat und bis heute vertritt. Diese besage, dass psychoanalytisch-therapeutische Praxis einen Spezialfall pädagogischer Praxis darstelle. Datler betone dabei, dass der kleinste gemeinsame Nenner von pädagogischer Praxis und psychoanalytischer Praxis im Auftrag der Herbeiführung von wünschenswerten Veränderungen im Bereich des Psychischen liege. Die These Datlers sei bisher im interdisziplinären Diskurs der Verhältnisbestimmung kaum kritisch kommentiert worden (vgl. Rumpf, 2017, S. 29 f.).

Zur Verdeutlichung der Berührungspunkte der Disziplinen Bildung und Psychoanalyse wurden Untersuchungen der Autoren Pazzini, Körner, Bittner und Rumpf aufgeführt. Es wurden unterschiedliche Fachleute berücksichtigt, die sich in der jüngeren Vergangenheit intensiv mit dem transdisziplinären Verhältnis auseinander gesetzt haben, um eine möglichst heterogene Übersicht zu Berührungspunkte der beiden Disziplinen zu gewinnen. Diese Berührungspunkte bilden sich mittels persönlichen Annahmen der Verfasser, welche sich bezüglich Bildung und Psychoanalyse teils unterscheiden, weshalb die transdisziplinären Berührungspunkte nicht mit allen Autoren zu vereinbaren sind.

Folgend werden die Ergebnisse vorgestellt, die als Berührungspunkte von Bildung und Psychoanalyse betrachtet werden können. Zunächst sei die Tradition der Psychoanalytischen Pädagogik zu nennen, welche als Teildisziplin sowohl der postklassischen Psychoanalyse, als auch der akademischen Bildungswissenschaft zuzuordnen werden könne (vgl. Rumpf, 2015, S. 142). Rumpf erkennt des Weiteren in krisenhaft-subjektiven Bildungsprozessen und psychoanalytisch-postklassischen Veränderungskonzepten der analytischen Kur einen Konsens im transdisziplinären Verhältnis von Bildung und Psychoanalyse (vgl. ebd., S. 153). Hingegen Körner bezieht sich auf ein gemeinsames Leid der Disziplinen, welches sie zur Operationalisierbarkeit drängt. Bildung werde heutzutage vor allem im schulischen Kontext und Psychoanalyse im Rahmen der psychoanalytischen Psychotherapie operationalisiert (vgl. Körner, 2009b, S. 173). Bittner hingegen erkennt in der psychoanalytischen Praxis einen Prozess der Bildung, welcher dem Patienten im biographischen Verlauf des Lebens zur Heilung verhelfen könne (vgl. Bittner, 2013, S. 157). Die Gemeinsamkeit, dass die Ansätze der Bildung und Psychoanalye auch fernab des eigenen Feldes eine Wirkung hervorrufen können, wurde von Pazzini attestiert (vgl. Pazzini, 2015a, S. 19). Bezüglich einer Paralelle zwischen Psychoanalyse und Bildung, die Körner erkannte, wurde eine Unstimmigkeit zwischen ihm und Rumpf deutlich. Während Körner davon ausgeht, dass Psychonalyse und Bildung jeweils Prozesse sind, welche lediglich wohlwollend begleitet werden können (vgl. Körner 2009b, S. 168), geht Rumpf davon aus, dass zumindest im Fall der Psychoanalyse der Analytiker aktiv an der Therapie mitwirkt (vgl. Rumpf, 2017, S. 121 f.). Abschließend ist die These Datlers zu nennen, nach welcher die psychoanalytisch-therapeutische Praxis einen Spezialfall pädagogischer Praxis darstelle, welche Rumpf im Rahmen seiner Dissertation beleuchtet. Für diese These spreche, dass Bildung und Psychoanalyse durch den kleinsten gemeinsamen Nenner zusammengefasst werden können. Dieser Nenner ist für Datler die Tatsache, dass beide Praxen den Auftrag verfolgen, wünschenswerte Veränderungen im Bereich des Psychischen zu erzeugen (vgl. ebd., S. 29).

5. Fazit

Das Ziel der vorliegenden Arbeit ist es, durch die Auseinandersetzung mit dem transdisziplinären Verhältnisses von Bildung und Psychoanalyse gemeinsame Berührungspunkte zu verdeutlichen. Des Weiteren soll durch die Auseinandersetzung ein kleiner Teil zur Steigerung der Aufmerksamkeit für diese Verhältnisbestimmung geschaffen werden.

Wie in Kapitel zwei und drei veranschaulicht wurde, unterscheiden sich die Annahmen der berücksichtigten Autoren innerhalb der einzelnen Begriffsbestimmungen. Weiterhin wurde im vierten Kapitel festgestellt, dass die Annahmen bezüglich der transdisziplinären Berührungspunkte nicht mit allen Ansichten zu vereinbaren sind. Jedoch ist bei der Untersuchung des Verhältnisses von Psychoanalyse und Bildung kein Indiz dazu aufgetreten, dass einer der berücksichtigten Autoren etwas gegen den transdsziplinären Dialog zwischen Psychoanalyse und Bildung einzuwenden hat.

Bis auf Körners (vgl. ebd, 2009b, S. 168) Berührungspunkt, der mit Rumpfs (vgl. ebd., 2017, S. 121 ff.) Annahme bezüglich der Rolle des Analytikers im psychoanalytischen Prozess kollidiert, ist es möglich, dass alle Berührungspunkte miteinander existieren. Für weitere Forschungen wäre es interessant die aufgeführten Berührungspunkte einzeln zu untersuchen. Beispielsweise könnte man Datlers These aus Rumpfs Dissertation folgen (vgl. Rumpf, 2017, S. 29) und untersuchen, ob Bildungsprozesse eine Voraussetzung für erfolgreiche Psychoanalysen darstellen. Des Weiteren könnte es interessant sein, zu erforschen, ob die gewonnen Erkenntnisse gewinnbringend für den studentischen und schulischen Alltag sein können. Immerhin werden die Aspekte der Bildung nach Bittner (vgl. Bittner, 2011, S. 23) sowohl in der Universität, als auch der Schule missachtet, da in diesen beiden Feldern die reine Erreichung von vorgeschriebenen Zielen im Vordergrund des Bildungsprozesses steht. Es könnte daher der Frage nachgegangen werden, ob die Auseinandersetzung mit dem Verhältnis von Bildung und Psychoanalyse im Kontext der akademischen Bildung eine gewinnbringende Veränderung bewirken könnte.

Abschließend lässt sich somit feststellen, dass es im Rahmen der Auseinandersetzung mit den Begriffen Bildung und Psychoanalyse zu Unterschieden, Unstimmig- und Uneinigkeiten kommt, jedenfalls aber auch Gemeinsamkeiten und Überschneidungen herausgearbeitet werden konnten, mit deren Hilfe ein transdisziplinärer Dialog vorgenommen wird und die fortlaufende Weiterführung dieses Dialogs wichtig erscheint. Durch die erkannten Berührungspunkte können weitere Themenfelder eröffnet und zur Erkenntnisgewinnung in den jeweiligen Bereichen genutzt werden.

Literaturverzeichnis

- Bittner, G. (1996). *Kinder in die Welt, die Welt in die Kinder setzen - Eine Einführung in die pädagogische Aufgabe.* Stuttgart, Berlin, Köln: Verlag W. Kohlhammer.
- Bittner, G. (2011). *Das Leben bildet.* Göttingen, Vandenhoeck & Ruprecht GmbH & Co KG.
- Bittner, G. (2013). Die psychoanalytische Behandlung - eher „Bildung" als „Heilung"?. In B. Boothe & P. Schneider (Hrsg.): *Die Psychoanalyse und ihre Bildung.* Zürich: sphères Verlag.
- Hierdeis, H. (2016). *Psychoanalytische Pädagogik - Psychoanalyse in der Pädagogik.* Stuttgart, W. Kohlhammer GmbH.
- Institut für Wissenschaft und Kunst (o.J.). *Valentin Rumpf: Bildung in der Alterität des Anderen? - Subjektivierende Fremdheit in der psychoanalytischen Kur.* Abgerufen von https://www.iwk.ac.at/events/valentin-rumpf-bildung-in-der-alteritaet-des-anderen-subjektivierende-fremdheit-in-der-psychoanalytischen-kur-2 [Datum des Zugriffs: 27.09.2021].
- Körner, J. (2009a). Psychoanalyse und Psychotherapie, Bildung und Erziehung. In *Forum der Psychoanalyse: Zeitschrift für klinische Theorie und Praxis,* Jg. 25, Heft 4, S. 311-321.
- Körner, J. (2009b). Psychoanalyse und Bildung. In R. Haubel, F. Dammasch, H. Krebs (Hrsg.): *Riskante Kindheit - Psychoanalyse und Bildungsprozesse.* Göttingen, Vandenhoeck & Ruprecht GmbH & Co KG.
- Pazzini, K.-J. (2015a). *Bildung vor Bildern, Kunst - Pädagogik - Psychoanalyse.* Bielefeld: transcript Verlag.
- Pazzini, K.-J. (2015b). Mobilität als Haltung. In Autostadt GmbH, K.-J. Pazzini & C. Wiesmüller (Hrsg.). *DENK(T)RÄUME Mobilität: Bildung - Bewegung - Halt* (unter wissenschaftlicher Mitarbeit von Karl-Josef Pazzini und Christian Wiesmüller; Kreativdirektion Maria Schneider; Projektleitung Carmen Scher). Bielefeld: transcript Verlag.

- Pazzini, K.-J. & Gottlob, S. (2005). Vorwort. In K.-J. Pazzini & S. Gottlob (Hrsg.). *Einführung in die Psychoanalyse I - Einfühlen, Unbewußtes, Symptom, Hysterie, Sexualität, Übertragung, Perversion.* Bielefeld: transcript Verlag.
- Pazzini, K.-J., Rath, C. & Schuller, M. (2015). » Psychoanalyse«. In F. Dirkopf, I. Härtel, C. Kirchhoff, L. Lippmann & K. Rothe (Hrsg.), *Aktualität der Anfänge: Freuds Brief an Fließ vom 6.12.1896* (pp. 2-6). Bielefeld: transcript Verlag.
- Psychosozial-Verlag (o.J.). *Autoren Detail Jürgen Körner.* Abgerufen von https://www.psychosozial-verlag.de/catalog/autoren.php?author_id=261 [Datum des Zugriffs: 24.09.2021].
- Rumpf, V. (2015). Vom Fehlen eines (post-)modernen Bildungsbegriffs (in) der Psychoanalytischen Pädagogik - verpasste und vermiedene Chance einer transdisziplinär-systematischen Verortung des psychoanalytisch-pädagogischen Selbstverständnisses. In M. Fürstaller, W. Datler & M. Wininger (Hrsg.): *Psychoanalytische Pädagogik: Selbstverständnis und Geschichte.* Opladen, Berlin, Toronto: Verlag Barbara Budrich.
- Rumpf, V. (2017). *Bildung und Alterität in der Psychoanalyse - Studien im transdisziplinären Spannungsfeld von Psychoanalyse und Bildungswissenschaft.* Wien: Universität Wien.
- Rumpf, V. (2019). Der Anspruch des Anderen in der Psychoanalyse - und mögliche bildungstheoretische Konsequenzen für das Subjekt. In J.-M. Weber, B. Rauh & J. Strohmer (Hrsg.): *Das Unbehagen im und mit dem Subjekt.* Opladen, Berlin, Toronto: Verlag Barbara Budrich.
- Storck, T. & Billhardt, F. (2021). *Denken und Lernen - Psychoanalyse und Allgemeine Psychologie.* Stuttgart, W. Kohlhammer GmbH.
- Universität Innsbruck (o.J.). *Univ.-Prof. Helmwart Hierdeis.* Abgerufen von https://www.uibk.ac.at/iezw/mitarbeiterinnen/emeritiert-ruhestand/helmwart-hierdeis/about.html [Datum des Zugriffs: 01.10.2021].
- Würzburg-Wiki (o.J.). *Günther Bittner.* Abgerufen von https://wuerzburgwiki.de/wiki/Günther_Bittner [Datum des Zugriffs: 29.09.2021].